मन की कविता

Dr. Chandra mauli pachrangia

BookLeaf Publishing

India | USA | UK

Dedication

मेरी ये पुस्तक मै अपनी आदरणीय दादी मां लक्ष्मी देवी पचरंगिया को समर्पित करता हूं। वे मेरे जीवन का अहम हिस्सा रही हैं। बच्चों से लेकर स्कूली जीवन उनके सानिध्य में ही बीता। हमेशा मुझे आगे बढ़ाने और मेरे विचारों को प्रोत्साहित करने वाली मेरी दादी मां मेरे जीवन में खास हिस्सा रही हैं। उनके बचपन में सुनाए गए प्रेरक प्रसंग, कहानियां और गीत आज भी मन को भावुक करते हैं। इस पुस्तक के माध्यम से उनको मेरी सादर श्रद्धांजलि है।

Preface

इस पुस्तक में मेरी 21 चुनिंदा कविताएं आपके सम्मुख प्रस्तुत है। आशा है कि आपको ये पसंद आएंगी। मेरे साहित्यिक जीवन में इस दिशा को मुझे देने वाले मेरे पिताजी हैं। विश्व की पांच हजार साहित्यिक हस्तियों में शामिल रहे आदरणीय महामहोपाध्याय साहित्यकार डॉ. ओमप्रकाश पचरंगिया ने अनेकों पुस्तकों, महाकाव्य, खंड काव्य, नाटक, गीत संग्रह आदि लिखे और पत्नी पुराण, अनंत विजय, अर्चना के पुष्प, सिद्धि सागर, उपन्यास नई दिशाएं और उलझन की घड़ियां आदि ने उन्हें खूब ख्याति दिलाई। उन्हीं के पदचिह्न पर चलते हुए मैने भी एक प्रयास किया है। इस पुस्तक में मैने माता, पिता, बेटी, ऋतु सहित महाकुंभ और आत्मभावों को काव्य भाव के रूप में प्रस्तुत किया है।

डॉ. चंद्रमौलि पचरंगिया

Acknowledgements

मेरे काव्य की रचना में सहयोग देने वाले सभी महानुभावों का मै दिल से आभार जताता हूं।

1. बस इत्तेफाक से

बस यूं ही
इत्तेफाक से

कभी हम मिले
कभी वो मिले
कुछ हम चले
कुछ वो चले

बस यूं ही
इत्तेफाक से

कभी हम बोले
कभी वो बोले
कभी हम सुने
कभी वो सुने

बस यूं ही
इत्तेफाक से

कभी हम देखें

कभी वो देखे
कुछ हम खुलें
कुछ वो खुलें

बस यूं ही
इत्तेफाक से

कभी हम सहे
कभी वो सहे
कहीं हम मुड़े
कहीं वो मुड़े

बस यूं ही
इत्तेफाक से

कुछ हम बने
कुछ वो बने
जब हम हंसे
तब वो हंसे

बस यूं ही
इत्तेफाक से

-चन्द्रमौलि पचरंगिया

2. ये महाकुंभ है

अद्भुत है
अतुल्य है
ये महाकुंभ है
सुखद अहसास है
भक्ति का विश्वास है
यहीं पापों का नाश है
देवों के लिए
ये ही बड़ा धाम है
मानो ये निकुंभ है
ये महाकुंभ है
संस्कृति का भान है
सच में हमारा मान है
भक्ति की यहां खान है
भक्तों के भक्ति
देखें यहां निष्काम है
आते यहां कुटुंब हैं
ये महाकुंभ है
करोड़ों की आस्था है
केवल भक्ति से वास्ता है
आस्था, भक्ति का संगम महान है

संतों के दर्शन का
अद्भुत ये कुंभ है
ये महाकुंभ है

3. प्रेम में आनंद है

आत्मा संतुष्ट हो
कोई न रूष्ट हो
जीवन स्वच्छंद है
प्रेम में आनंद है

भावना प्रबल हो
मन भी सबल हो
मुस्कान छाई मंद है
प्रेम में आनंद है

दिल से दिल मिले
दोनों मन भी खिले
मानो सुहानी सुगंध है
प्रेम में आनंद है

जीवन नवाधार हो
भाव भी अपार हो
यहां खुले सब फंद हैं
प्रेम में आनंद है

यहां सब सुंदर है
प्रेम भाव अंदर है
ये कविता या छंद है
प्रेम में आनंद है

4. आनन्द

अच्छे संस्कार का
अच्छे विचार का
अलग ही आनन्द है

अच्छे व्यवहार का
अच्छे आचार का
अलग ही आनन्द है

मन रूपी हार का
जीवन संसार का
अलग ही आनन्द है

जीव सदाचार का
शब्द के संसार का
अलग ही आनन्द है

कविता के प्यार का
छंद व उपसंहार का
अलग ही आनन्द है

नदियों की धार का
समुन्दर के छार का
अलग ही आनन्द है

5. शिक्षक

वो हमको पढ़ाते है
वो किस्मत बनाते है
वो जीवन संवारे हैं
वो गुरुजन हमारे हैं

ये संस्कार उनसे हैं
ये सद्विचार उनसे हैं
वो हमारे सहारे हैं
वो गुरुजन हमारे हैं

वो अनूठी सी शक्ति हैं
वो जीवन की भक्ति हैं
शिक्षा के उजियारे हैं
वो गुरुजन हमारे हैं

जीवन में जो कांटे है
गुरुजन उन्हें हटाते हैं
वो मेरी राह संवारे हैं
वो गुरुजन हमारे हैं

6. गृहणी का जीवन

वो अद्भुत है
वो अतुलनीय है
बड़ा ही कठिन ये
गृहणी का जीवन है

वो ही बेटी हैं
मां को समझती हैं
मां की अखियन हैं
बड़ा ही कठिन ये
गृहणी का जीवन है

वो ही मां है
मन को समझती है
बच्चों का जीवन है
बड़ा ही कठिन ये
गृहणी का जीवन है

वो ही पत्नी हैं
पति को समझती हैं
पति का वो मन है

बड़ा ही कठिन ये
गृहणी का जीवन है

वो ही शक्ति हैं
सबको वो समझती हैं
शक्ति वो अनन्य है
बड़ा ही कठिन ये
गृहणी का जीवन है

7. भारत का वंदन है

विश्व का मान है
हमें अभिमान है
माथे का चंदन है
भारत का वंदन है

गंगा मां चरण पाखरे
हिमालय शीश संवारे

8. ऐ जिंदगी

ऐ जिंदगी
बस कविता बन जा
सुरमई सी
सीधी साधी
सधी हुई
अपनेपन का
अहसास कराती
अपनी सी
कुछ मीठा सा
भाव लिए
कुछ अपनों का
घाव लिए
नदियों की
लहरों सी
मनभावन
बातों सी
सुहावनी
रातों सी
पानी के
छलकन सी

दिल की
धड़कन सी
रिमझिम सी
सावन सी
गुलाब सी
मनभावन सी
इस जीवन में
संगम सी
एक सच्चे से
हमदम सी

बस एक गीता सी
एक कविता सी

बन जा
ऐ जिंदगी...

9.

ऐ जिंदगी
बस कविता बन जा
सुरमई सी
सीधी साधी
सधी हुई
अपनेपन का
अहसास कराती
अपनी सी
बस कविता बन जा
ऐ जिंदगी...

10. शहीदों को सलाम

बड़ी दुर्गम थी राह उनकी
फिर भी वो लड़ते रहे

वो अग्नि से फौलाद थे
दुश्मन भी तो डरते रहे।

कारगिल की जंग में
साहस बड़ा अदम्य था

अंतिम समय आया तो
भारत की जय करते रहे।

देश मेरा बस अमर रहे
भाव मन में बस ये रहे

मन में था बस ये तिरंगा
जयगान तब करते रहे।

चरणों में ये तन समर्पित
मन हमेशा तेरा यह मां

जीवन समर्पित कर चले
वो सांस फिर तजते रहे।

11. धुंधला सा क्यों है ये बसंत

धुंधला सा क्यों है ये बसंत
आशाएं धूसरित हैं अनंत

क्यों पौधों में उल्लास नहीं
लगता कुछ भी खास नहीं
क्यों मौसम ये है नापसंद

धुंधला सा क्यों हैं ये बसंत
आशाएं धूसरित हैं अनंत

मन में कुछ उल्लास तो हो
जीवन में कुछ खास तो हो
पीड़ा क्यों मन में हैं अनंत

धुंधला सा क्यों हैं ये बसंत
आशाएं धूसरित हैं अनंत

फागुन आने की आहट ना
अपनेपन की वो चाहत ना
मानो जीवन का हुआ अंत

धुंधला सा क्यों हैं ये बसंत
आशाएं धूसरित हैं अनंत

क्यों पुष्प भी न मुस्काते हैं
क्यों ठंडी अभी भी राते हैं
क्यों चंद्र दिवाकर हुए मंद

धुंधला सा क्यों हैं ये बसंत
आशाएं धूसरित हैं अनंत

12. पूज्यवर शत शत नमन

शत शत नमन हे पुज्यवर
महोपाध्याय साहित्य प्रवर

पिता देना सदा आशीष ये
मैं चलता रहूं सद्कर्म पर

मुश्किल में रहे पितु साथ
खरा रहूं हर इम्तिहान पर

जीवन में कुछ अरमान हैं
आसान हो बस हर सफर

पीड़ित जन की सेवा करें
बस लक्ष्य अब ये हर प्रहर

नाम उज्ज्वल करें आप का
अब आपको मन ध्यान कर

13. बड़ी दूर से आया हूं बाबा

बड़ी दूर से आया हूं बाबा
मेरी बिगड़ी तू ही बनाएगा

मैं हार गया हूं अब सबसे
मेरी बिगड़ी तू ही बनाएगा

लोग कहे तुझे हांडी वाला
हर कोई है यहां तेरा दीवाना

तेरी दर ना कोई भूखा सोए
भूखों को तू ही देता निवाला

अब और ना कोई दिखता है
अब तू ही राह दिखाएगा

मैं बाट जोहता हूं कब से
मेरी बिगड़ी तू ही बनाएगा

मैं हार गया हूं अब सबसे
मेरी बिगड़ी तू ही बनाएगा

तेरी दर पर आया था बिरला
बस तेरा गुणगान किया उसने

शिक्षा नगरी सी सौगात मिली
दुनिया में नाम किया उसने

अब मुझ पर दया करो बाबा
तेरा प्यार ही राह दिखाएगा

मैं हार गया हूं अब सबसे
मेरी बिगड़ी तू ही बनाएगा

अजब सी शान तेरी बाबा
गजब पहचान तेरी बाबा

नीलांबर धारी तू है बाबा
भक्तन महतारी तू है बाबा

लो नीली ध्वजा ले आया हूं
बाबा चमत्कार दिखलाएगा

मैं हार गया हूं अब सबसे
मेरी बिगड़ी तू ही बनाएगा

सहल, बड़ा तुझे मन भावे
दुखी यहां आवे, सुख पावे

जीव मात्र से प्रेम थे करते
लोग बावला समझ के डरते

कहा ये ही कर्ता से डरना
सब कुछ यहीं रह जाएगा

मैं हार गया हूं अब सबसे
मेरी बिगड़ी तू ही बनाएगा

और ना कुछ जानता बाबा
केवल तुझको मानता बाबा

बाबा मेरी भी अब सुन लें
अपनों में से मुझको चुन लें

भक्त तेरा अब बाट जोहता
कब अपनी कृपा दिखाएगा

मैं हार गया हूं अब सबसे
मेरी बिगड़ी तू ही बनाएगा

14. एक हकीकत

मौत ने बोला
मैं ही हकीकत हूं
जो जान लिया
वो देखो जिन्दा है
बाकी सब ही
बस मुर्दे हैं
सच कहा
जिन्दा लाश
मानो कि
जैसे कठपुतली
हां वाकई
कठपुतली ही तो है
सब के सब
इस दुनिया में
सच
केवल एक है
जो मरा नहीं
बस वो ही
ज़िंदा है
ये एक ही सच है

हां मौत
एक सच है
जान लो
तुम भी
तुम भी
और
तुम भी

ये ही है एक हक़ीक़त

15. आया प्रिय देखो फिर बसन्त

आया प्रिय देखो फिर बसन्त

आल्हादित, कुसमित नव सुगन्ध
आया प्रिय देखो फिर बसन्त

ऋतुराज आज श्रृंगारित हैं
फूलों,कलियों से कारित हैं
मन भावन पावन मधुर वृंद
आया प्रिय देखो फिर बसन्त

सरसों खेतों में महकी हैं
कोयल भी अब चहकी है
छाया बासन्ती सुमधुर रंग
आया प्रिय देखो फिर बसन्त

स्वरवादिनी पूजन करते हैं
मन भाव भक्ति से भरते हैं
स्वर से निकले सुमधुर छंद
आया प्रिय देखो फिर बसन्त

जीवन सबका कुसमित हो
फूलों सा मन प्रफुल्लित हो
मिट जाए मन से सभी द्वंद
आया प्रिय देखो फिर बसन्त

हर ओर छाया बासन्ती रंग
और बजने लगे हैं मधुर चंग
ऋतुराज लिए मुस्कान मंद
आया प्रिय देखो फिर बसन्त

-चन्द्रमौलि पचरंगिया, "चन्द्र"

16. गर्मी का असर

गर्मी का असर देखें
ये सहर बिफर गया
वो अब तक यहीं था
ना जाने किधर गया

देखो तनिक गौर से
सूखे हुए दरखत को
कल तक था आबाद
वो भी निसर गया

चेहरा हर खामोश है
नजर भी उठ रही
टपकती है बून्द ये
पसीना उतर गया

कोयल भी थी यहीं
यहीं मोर भी तो था
अब तो वीराना सब
हर कोई मुकर गया

सिर पर थी नज़र
सूरज जो गरम था
भाई के आँचल में
यूँ काम चल गया

सहर का अर्थ -सवेरा,सुबह प्रातःकाल

17. मां ही परिभाषा है

मां जीवन की आशा
मां ही परिभाषा है।
मां से मेरा नाम मिला
मां ही जगत प्रकाशा है।।
मां है मन का विश्वास,
मां ही जीवन आधार है।
जिसने दिल से मां को पूजा
उसका बेड़ा पार है।।
बड़ी अनमोल है ममता
महिमा उसकी अपार है।
जगदर्शन की कारक मां है
वो ही जगत आधार है।।

18. बिटिया रुलाएगी

जिंदगी का हिस्सा अब किसी और का हिस्सा है
एक घर से विदा होना भी जिंदगी का किस्सा है

लाडो अब दूसरे घर में भी आंगन महकायेगी
यहां एक कहानी शुरू हुई वहां पूरी हो जाएगी

एक घर की चिड़िया अब अपना घर बसायेगी
अब वहीं सुख में हँसेगी और दुख को दबाएगी

बचपन की गोदी और वो बाहों का झूला था
तस्वीर देख याद आया अब तक जो भूला था

बस्ती में मस्ती का आलम अब खो गया
बेटी को याद करता मैं सपनों में सो गया

बातों को याद कर ये अंखियां भर आएगी
घर से विदा होती प्यारी बिटिया रुलायेगी

19. ये फूल कुछ कहता है

ये फूल
कुछ कहता है

कभी मुस्काता है
कभी इठलाता है

देखो तो
कैसे रहता है

ये फूल
कुछ कहता है

कभी काँटों में
झंझवातो में

देखो तो
दुःख सहता है

ये फूल
कुछ कहता है

जब खिलता है
खूब खिलता है

देखो तो
खुश रहता है

ये फूल
कुछ कहता है

20. मेरी बातें

मेरी बातें
तेरा सुनना
मेरे सपने
तेरा चुनना
मेरी ख्वाहिश
तेरा बुनना
मेरी मंजिल
तेरा मिलना
मेरा कहना
तेरा सुनना
मेरी किस्मत
तेरा लिखना
मेरी सूरत
तेरा दिखना
बिन तेरे....
कान्हा....
कुछ भी नहीं मैं

21. एक बेटी सो गई

एक बेटी सो गई

सांस उसकी थम गई
एक बेटी सो गई।
पर अब जागा हिंदूस्तां
हर आंख नम हो गई।।

मैं सजा दिलाना चाहती हूं
उन दरिंदों को मां।
ताकि अपवित्र ना हो
फिर कोई दामिनी मां।।

हौंसला बुलंद देखा
कुछ पलों के होश में।
देशवासी न्याय मांगे
हर कोई आक्रोश में।।

बलि'दान हमेशा याद रहेगा
अब हिंदूस्तां तो नहीं सहेगा।
यू हीं घूमते रहे अगर दरिंदे

आक्रोश यूं ही कायम रहेगा।।

चिंगारी जो जल चुकी है
उसे अब नहीं बुझने देना।
बेटी की मौत और
अपमान का बदला है लेना।।

चिर निद्रा में सोई बिटिया
सुकून आत्मा को भी मिलेगा।
बदल डालो कानून अब
वरना देश मेरा यू ही हिलेगा।।

www.ingramcontent.com/pod-product-compliance
Lightning Source LLC
Chambersburg PA
CBHW061729130726
47996CB00006B/2562